AF266918

VIEILLES RENGAINES

AVANT DE FUSILLER

PREMIÈRE LIVRAISON

dédiée à la

COMMISSION DES GRACES

Admonere voluimus, non mordere; prodesse, non lædere; consulere morbis hominum, non afficere.

(ERASME.)

LYON

EN VENTE CHEZ LES PRINCIPAUX LIBRAIRES

LYON. — IMPRIMERIE ALF. LOUIS PERRIN ET MARINET.

INTRODUCTION

—

Cette petite brochure dont je me suis rendu coupable, lecteur ami, est le pauvre produit de quelques heures de travail dérobées à mes occupations ou à mes plaisirs.

Son format vous dira assez que si j'ai abordé de graves sujets, je n'ai pourtant pas eu la prétention de les approfondir; des in-folio n'y auraient pas suffi.

C'est une simple ébauche, une table de matières prises un peu au hasard, par conséquent très-incomplète, que je livre aux désœuvrés intelligents et observa-

teurs, avec prière de remplir mon cane-
vas. Ils auront sur moi l'avantage, je
le reconnais, d'être plus éclairés et surtout plus patients.

Ce sont des reproches amers que j'a-
dresse à la société tout entière, l'accu-
sant de laisser s'implanter dans son sein
des préjugés monstrueux dont elle devrait, ce semble, être débarrassée après
six mille ans d'expérience et de civilisation, tels que la peine de mort, la guerre,
les gouvernements personnels.....

Ce sont des idées libérales que je con-
seille aux irréconciliables, au risque de
m'attirer leur haine, pensant qu'elles
pourraient pourtant être plus de saison
que les leurs par le temps qui court.

C'est enfin un résumé très-superficiel
des travers de chacun dont je me ris.

C'est si bon de gribouiller du papier, de critiquer et de se moquer un peu de tout ! Et qu'importe si la moquerie me réussissait ? Ne me suis-je pas proposé avant tout une œuvre toute d'humanité, de patriotisme et de morale : Contribuer pour quelque chose à ramener au bon sens, à de saines idées les esprits égarés de la société ?

Faire une trop longue introduction serait affubler d'une énorme tête un corps de pygmée ; je m'arrête.

A bon entendeur, salut.

Nota. — *Ce petit opuscule était destiné, vu sa courte étendue, à paraître tout d'une pièce ; mais le besoin qu'éprouve l'auteur, avant l'achèvement de son travail, de laisser s'échapper, uti-*

lement peut-être dans ces beaux jours des pelotons d'exécution, un cri de sa conscience renfermé dans certain chapitre, le décide à le publier par livraisons.

———

UNE RENGAINE D'ACTUALITÉ.

La peine de mort — quelle plaisan-
terie! ce sujet mérite-t-il qu'on s'y arrête un seul instant, quand on ne saurait trop débarrasser la terre de tant de
gredins qui la peuplent ? M'est avis que
oui et que l'on fait arbitrairement trop
bon marché de la vie des autres.

Chaque soir, vous lisez sur votre
journal : « La Cour d'assises....., le Con-
« seil de guerre..... a condamné un
« tel à la peine de mort. » Sur une pareille bagatelle on ne s'arrête pas ; vous

passez à la page des annonces et vous vous couchez sans remords, sans soucis.— Que dis-je, sans soucis? Dans une quarantaine de jours aura lieu l'exécution en pleine place. Quelle fête que cette représentation! Vous vous enquerrez à toutes les sources possibles de ce jour qui tardera tant à venir. Vous abandonnerez tout, s'il le faut; hommes et femmes surtout, vous vous promettez de ne manquer aucun acte, aucune péripétie, aucun détail de ce drame. Pendant que d'autres moins privilégiés passeront la nuit à la belle étoile pour être aux premières loges, vous aurez à prix d'or une fenêtre bien disposée, une bonne jumelle... vous voulez entendre et voir le marteau qui ajuste le tremplin, le tréteau, les deux colonnes dans les rainures bien graissées desquelles le bourreau fera d'avance avec grâce et en votre considération manœuvrer le couperet jusque sous la lunette ; vous étudierez, savourerez les moindres faits et gestes du patient ; vous verrez tomber ta tête dans le panier rouge, partir le tombereau..... La pièce trop vite terminée, vous retournerez à vos affaires, à vos plaisirs, sans avoir honte qu'on vous rencontre. Et pardieu, pourquoi donc rougiriez-vous ! Ne venez-vous pas de rendre la justice au nom de la société, au nom de Dieu ? Pauvres gens à l'esprit faussé par la routine ! — et c'est là ce qui vous excuse un peu. — L'idiot rit avec ceux qui se moquent de sa niaiserie, mais vous, partie de ce tout qu'on appelle la société, vous le rédacteur des articles 7 et 12 du Code pénal, vous le ministère public qui vous êtes acharné à réclamer le maximum de la peine, vous le jury qui avez condamné, vous le juge qui avez appliqué la loi, vous le bourreau qui avez exécuté, fusillé, vous poussez la fatuité jusqu'à vous glorifier et insultez Dieu en voulant le rendre complice de votre homicide ! Tous les grands crimes aujourd'hui s'accomplissent *ad maximam Dei gloriam ;* lisez plutôt les bulletins de Guillaume à Augusta pendant la dernière guerre ; c'est toujours au nom du Père, du Fils et du Saint-Esprit que cet escobard pille, brûle et massacre.

Mais pourquoi perdre ainsi son temps, pourquoi chercher à vous prendre par les sentiments, quand la tribune (Jules

Simon), les gloires du barreau, par de suppliantes plaidoiries, Victor Hugo et bien d'autres écrivains, par de saisissants tableaux, ont échoué à toucher votre cœur ?

Je me ferais mieux écouter si je vous apportais des arguments de fonds qui prouvent qu'abolir la peine de mort est une réforme de première nécessité ; — oui, je vais vous fournir des arguments solides, puisque tout ce qui ne flatte pas votre intérêt, tout ce qui ne rapporte pas n'a aucune valeur à vos yeux.

Naturellement et sans chercher à m'inspirer de mes prédécesseurs qui ont traité de cette matière, je ne peux moins faire que les répéter ou à peu de choses près. Toutefois, je suis d'avis qu'aucun sujet n'est épuisable, si ingrat soit-il, quand on est mu par le noble désir de flétrir un crime et d'en arrêter le scandale.

Disposer de la vie d'autrui est un *vol irrestituable*, une *barbarie fatale à la société et inutile*.

Pourquoi un vol?

On ne peut prendre que ce qui vous appartient. Or, est-ce vous qui donnez la vie ? Du rapprochement de l'homme et de la femme résulte un produit dont ceux-ci se disent les auteurs. Cela est vrai jusqu'à ce point, que s'il n'avaient pas voulu servir de cause à cette propagation l'effet n'aurait pas eu lieu. Mais n'est-ce pas par une volonté indépendante et inconnue de la mère que la semence a germé, et à ce germe qui donc a donné le mouvement, la raison, la vie ? Ils n'ont été tous deux, le père et la mère, qu'un instrument entre les mains de Dieu. Vaucanson parvint bien à fabriquer des automates doués d'un organisme presque aussi complet que celui sorti des mains du Créateur, mais toute sa science échoua quand il fallut leur inoculer le souffle vital. Ce fut déjà une fort belle découverte qu'il fit en leur communiquant un semblant de mouvement inconscient, tout artificiel, qui cessait bientôt comme cesse le mouvement de la pendule quand le poids est à bas, le ressort détendu.

— Dieu seul donne la vie ; à lui seul le droit de la retirer.

C'est un vol *irrestituable*.

La justice de l'homme n'étant pas

infaillible, malgré toutes les lumières dont elle cherche à s'éclairer, elle est sujette à erreur. L'histoire a reconnu innocents un trop grand nombre de condamnés.

Si l'on vient un jour à prouver que le malheureux qui pourrit dans son cachot, que vous avez déporté au fond du grand Océan, n'était pas coupable, la méprise est assurément bien regrettable. Vous avez privé un être inoffensif de sa liberté, de sa famille (1), de ses biens, de ses droits de citoyen ; vous lui avez fait endurer bien des tortures, vous avez ruiné sa santé, terni sa réputation, mais pourtant le mal, sinon

(1) Le président de la République peut autoriser la famille du condamné à rejoindre celui-ci au frais de l'État, si bon lui semble.

entièrement remédiable, va du moins finir ; vous le réhabiliterez. — Au contraire, rendrez-vous la vie au martyr dont vous avez détaché la tête du tronc, en la lui rajustant sur les épaules ?

Pour bien saisir la portée de notre hypothèse, supposez un instant que la victime d'une pareille méprise soit vous-même, lecteur ; car, enfin, ce n'est point porter atteinte à votre honneur que d'admettre que ce soit à votre égard que la justice se soit induite en erreur. Croirez-vous alors, je vous le demande, que ce cas méritait d'être prévu et de ne plus être regardé comme chimérique ?

Cette pensée, que vous pouvez vous tromper une seule fois, devrait suffire à faire rayer du Code la peine de mort.

N'est victime du danger que celui qui s'y expose.

C'est une *barbarie*..., en ce sens que toutes les peines physiques doivent être réservées à la bête qui ne comprend que ce qu'elle sent; les peines morales seules sont pour l'homme, être raisonnable.

Si vous admettez la théorie des châtiments corporels, que venez-vous alors tant critiquer le talion, les persécutions qu'inventèrent les Néron, les Trajan, les Dioclétien....., contre les premiers chrétiens, le chevalet, les ongles de fer, les tenailles, les fers rouges, la poix, l'eau bouillante, etc., les tortures raffinées des *auto-da-fé*, le bûcher, la roue, l'écartèlement, l'écorchement, le pilori, la pendaison des Anglais, la flagellation des Russes, le garrot des Espagnols, la cangue des Chinois, la bastonnade des Bédouins? Ce n'était guère plus sauvage et tout aussi logique; car pour chaque faute on avait déterminé une mutilation différente.

C'est une barbarie *funeste à la société et inutile*.

Le spectacle de la cruauté, de prime abord, soulève notre indignation, mais quand il est répété il finit par nous devenir familier ; on s'y habitue. Le boucher qui, pour la première fois, plonge son couteau dans la gorge de la brebis éprouve, malgré lui, un sentiment de répugnance ; le troisième ou quatrième jour, cette opération est pour lui une partie de plaisir ; il n'entend plus les cris déchirants, il ne s'aperçoit plus des souffrances de la pauvre bête qui expire.

Il se peut, comme le prétendait Malebranche, que les bêtes ne souffrent pas; car, disait-il, on ne souffre qu'autant qu'on a conscience de son mal, et à l'appui de cette thèse il vous citait force exemples : le malade, l'endormi qui, revenus à la santé, à la vie, ne se rappellent nullement avoir souffert, l'un pendant son délire, l'autre pendant l'éthérisation, alors que tout chez eux, les gestes, les contractions de la figure, les pleurs, les cris accusaient visiblement de vives douleurs; le somnambule qui, sorti d'un affreux cauchemar, ne conserve à son réveil aucun souvenir de la lutte qu'il vient de soutenir contre celui qui voulait l'assassiner, etc. Malebranche joignait brutalement la pratique à la théorie. Tout le monde sait qu'il possédait une levrette qui lui était fort fidèle. Souvent, d'un coup de pied dans le ventre ou d'un coup de poing, il l'envoyait, comme un ballon, d'un bout de son cabinet à l'autre. Et quand on lui reprochait ces mauvais traitements (tout d'expérience), eh ! quoi, disait-il convaincu, vous en êtes encore là à croire que cette bête souffre, parce qu'elle crie, parce qu'elle boîte, parce que même elle s'est cassé la patte...; pas plus que votre montre quand, en la remontant, vous avez donné un tour de clé de trop ; le ressort se détend avec bruit, la machine se détraque, et voilà tout.

L'opinion de Malebranche est discutable; de quelque côté que soit la solution, il n'en reste pas moins vrai que nous trouvons déjà bien assez d'occasions inévitables pour nous endurcir le cœur. Evitons donc d'émousser notre sensibilité ; sans cet apanage, plus de délicatesse dans nos rapports, plus de charme dans la vie.

Vous avez supprimé, comme immoraux, les combats d'athlètes, de taureaux : la loi Grammont punit d'une amende le voiturier qui maltraite son cheval. Tout cela est fort bien ; mais alors pourquoi ne pas achever votre œuvre? les tueries d'hommes seraient-elles moins immorales que les tueries de bêtes ?

La comparaison, direz-vous, n'est pas juste. Si l'on ôte la vie à un homme, c'est qu'il s'est rendu coupable de quelque grave faute et qu'il est utile de l'empêcher de nuire plus longtemps à la société en l'en retranchant pour jamais. Et non, mille fois non, cette sanction de la loi n'a pas la portée que vous lui attribuez. Vous ne ferez que le crime n'ait été commis et ne ressusciterez pas plus la victime en exécutant l'assassin, que vous n'empêcherez celui qui projète un meurtre d'accomplir son dessein homicide.

Quand un homme, au détour d'un bois, poignarde le voyageur, quel est son but ? Le tuer pour le détrousser ensuite, la plupart du temps au moins. Avec le produit de son vol, lui aujourd'hui malheureux, va par ce coup de bourse se trouver immédiatement riche ; il fait des châteaux en Espagne, il va fuir à l'étranger où il se propose d'étaler l'apparat d'une fortune mal acquise, c'est vrai, mais dont la provenance restera inconnue pour les autres. La perspective de la prison ou de l'échafaud n'a pas pu l'arrêter, attendu que cette pensée ne s'est pas présentée à son esprit au moment du crime. Si même il eût eu la certitude d'être dévoilé et de rester impuni, il y a gros à parier que ce seul qu'en dira-t-on l'eût détourné du mal.

A cette dernière considération nous pourrions en joindre mille autres : l'absence de lumières suffisantes, ordinairement des conseils de guerre, par exemple, les rancunes personnelles, les divergences d'opinion politique, même des jurés ou des magistrats, l'instruction grossière, pour ne pas dire nulle du prévenu, son ambition, son extrême misère, non proportionnée à sa force de caractère, un moment d'ivresse, d'emportement, l'influence de certaine affection chronique, organique, inconnue de la science, incurable ; le tempérament (un médecin sérieux est allé jusqu'à prétendre que la nourriture hippophagique dont les Parisiens avaient dû s'entretenir exclusivement pendant le siége, était une cause de la surexcitation morale où en étaient arrivés les Communeux), le milieu où il vivait. — Qu'on me permette ici une petite digression pleine d'à-propos. — Dans les crises politiques, le gouvernement éphémère de la Commune de Paris nous en a fourni des preuves, vous voyez les masses s'exciter, se monter, en arriver à de regrettables excès, et en faisant l'étude de l'un et de l'autre, vous êtes tout surpris de reconnaître parfois qu'un tel, tenu pour bandit et va-nu-pieds comme les autres, se trouve N'être au fond un honnête homme, entraîné si loin qu'il n'a plus pu revenir au seul et noble but qu'il s'était tout d'abord proposé. Il s'est trompé, ou plutôt on l'a trompé, dans un moment de tel bouleversement, que les esprits les plus clairvoyants et les mieux intentionnés ont eu eux-mêmes parfois la plus grande peine à s'orienter et se maîtriser pour ne pas s'écarter de la bonne cause, principalement au début de l'insurrection. Quel sort plus heureux que le sien, pécuniairement parlant, pouvait ambitionner Roche-

fort, par exemple? Pamphlétaire spiri-
tuel, il avoue dans sa défense avoir
touché la modeste somme de 20,000
francs par mois, d'un travail aisé qui
faisait son bonheur. Hélas ! après la
Lanterne, sa philosophie ne fut plus à
la hauteur de ses succès; pour lui avoir
trop prodigué ses adulations, le peuple
lui tourna la tête, lui souffla le *Mot
d'ordre* ; son talent s'y embourba. —
Delescluze s'aperçut, trop tard, qu'il ne
défendait plus les respectables principes
républicains, mais bien une cause deve-
nue déshonnète. « Sort étrange ! cet
homme mourut en martyr pour une
cause qui n'était pas la sienne (1); » —
l'incapacité du défenseur ; et à ce pro-

(1) Lettre d'un Russe publiée dans la *Cloche*.

pos, nous demanderons pourquoi on a l'habitude de confier d'office aux jeunes avocats, pour employer un terme du métier, les causes capitales, alors que d'un plaidoyer adroit, autant que de l'évidence des preuves à décharge, dépend souvent l'acquittement. Est-ce que, par hasard, il y aurait des causes jugées d'avance, où le rôle du plaideur ne serait qu'une formalité, qu'un champ d'exercice laissé aux débutants dans le barreau? Est-ce que tout prévenu disgracié de la fortune doit inexorablement se voir privé de l'assistance d'un défenseur habile? Vous feriez bien dire aux gens de la campagne qu'on achète la justice et que les acquittements s'adjugent aux plus offrants. On a même vu, oserai-je bien le dire, des hommes inqualifiables spéculer sur la tête de leur client et le laisser condamner afin, de cette façon, faute d'autre moyen, de pouvoir faire parler d'eux ; les choses enfin les plus invraisemblables à nos yeux peuvent être d'un poids tellement énorme dans la culpabilité de l'accusé, que la justice des hommes ne saurait les apprécier à leur juste valeur.

Bref, vous n'avez droit de mort que dans un seul cas extrême : la légitime défense. Pour sauver votre vie vous tuez votre agresseur, cela va de soi ; mais supposons encore que ce dernier, au lieu de vous tuer, vous ait manqué ou n'ait fait que vous blesser ; l'homme est meilleur ordinairement quand il ne consulte que lui-même, c'est ce que nous remarquions plus haut en parlant des individualités. Si vous aviez entre vos mains *seules* le sort de celui qui a attenté à vos jours, huit fois sur dix il vous paraîtrait ridicule, pour ne pas dire cruel, de le détruire de sang-froid, le danger passé, le sentiment de la vengeance une fois éteint, et souvent après plusieurs mois de prison où celui-ci a eu le temps de se repentir et de devenir meilleur.

Parlez à une assemblée de l'abolition de la peine de mort, on rira de vous sans même écouter si ce que vous dites est sensé, vous perdrez infailliblement votre cause ; au contraire, prenez à part l'un après l'autre chacun de ces membres qui la composent et vous le convaincrez, en forçant son attention. Ce qui revient à dire que les masses sont inaccessibles à la raison de parti pris, pour ce que l'on appelle vulgairement les toquades, et que chaque individu pris isolément est susceptible de se rendre.

On peut donc dire aussi que c'est par pure routine que nous conservons encore la peine de mort en plein XIXme siècle. Cet usage est depuis un temps immémorial passé dans nos mœurs ; donc il y a prescription. On accepte sans réflexion cette révoltante énormité de nos ancêtres, et nous la léguons religieusement à nos enfants qui, à leur tour, la recueillent comme un fils hérite, sans les raisonner, des opinions politiques de son père.

Notons bien, en terminant, que cette plaidoirie défend un principe.

A notre avis, en effet, pour un homme intelligent , selon toutes probabilités séparé de la tombe par bien des années encore, dans des conditions passables de bien-être, la prison perpétuelle est vingt fois plus dure que la mort. C'est aussi l'opinion de bien des prévenus à qui nous avons quelquefois eu l'occasion d'entendre tenir ce langage : Si la Cour me condamne aux travaux forcés à perpétuité, je demanderai à ce qu'on m'applique le maximum de la peine; si l'on me refuse je feindrai une tentative sur mon gardien, et alors il faudra bien appliquer la loi de la récidive.—Sans la liberté mieux vaut mourir. — C'est encore notre avis.

Quand vous envoyez à Noukahiwa, en Nouvelle-Calédonie, ou surtout dans

la Guyane le forçat, vous savez très-
bien que de ce pays fiévreux il ne
reviendra pas. Vous obtenez le même
résultat que par l'échafaud d'une ma-
nière barbare, c'est vrai, à laquelle il
doit être remédié sans retard, en assai-
nissant les pénitenciers ; mais enfin
pour l'honneur de la civilisation le principe est sauvé. A vous de l'entourer de
vigilants gardiens qui ne le laisseront
ni communiquer avec le dehors, ni
s'évader. Dans la solitude son esprit,
sans cesse replié sur lui-même, devien-
dra suceptible de fort belles conceptions
littéraires ou scientifiques ; la contem-
plation continuelle du ciel ne man-
quera pas de lui parler aussi d'un autre
monde, et d'un coupable vous aurez fait,
peut-être, un homme meilleur que vous.

Les gens hostiles à nos idées s'emparent, pour nous combattre, de toutes les armes qui leur tombent sous la main. C'est ainsi qu'ils nous opposent une objection peu sérieuse tirée d'une actualité. La Commune, disent-ils, elle aussi voulait abolir la peine de mort; ne s'est-elle pas contredite, n'a-t-elle pas fusillé les ôtages? Nous ne pouvons répondre que ceci : Ce gouvernement, si gouvernement il y a eu, composé en grande partie d'énergumènes, ne saurait servir de comparaison; si un fou se jette à l'eau, êtes-vous tenu de le suivre?

Dans quelques Etats d'Amérique et de l'Allemagne, dans certaines contrées de la Suisse (Zurich, Neuchatel?), dans la petite république de San-Marino, en Portugal, en Belgique, on a supprimé la peine de mort, et si ces gouvernements maintiennent cette institution après un essai suffisant, apparemment c'est qu'ils s'en trouvent bien et que la statistique n'accuse pas chez eux plus de crimes qu'ailleurs, comme on l'a encore objecté.

Si nous disons que la durée d'expérience doit être suffisante, ce n'est pas sans motifs. En effet, en Italie, en Prusse, en Suède, dans les Pays-Bas, où l'on a rétabli la peine de mort, la multiplicité des crimes, que l'on prétend y avoir remarqués, pourrait bien tenir à une toute autre cause qu'au trop court essai que l'on y a tenté.

Octave de NEUTER.

www.ingramcontent.com/pod-product-compliance
Lightning Source LLC
Chambersburg PA
CBHW051751050726